ORIGINE

DES

PUISSANCES.

ORIGINE

DES

PUISSANCES,

Par Hippolyte Lamberti.

PARIS,

DUPONT, Éditeur, rue Mignon, 2,

ET CHEZ LES MARCHANDS DE NOUVEAUTÉS.

1838.

ORIGINE

DES

PUISSANCES.

I.

D'où vient ce hideux mendiant ?... où va-t-il?... — Je viens de la terre, mauvais riche ! comme toi, je retourne à la terre!

Qui donc a jamais vu le ciel entr'ouvir ses flancs pour accoucher d'un homme, et la terre pour accoucher d'un autre homme!

Potentats, riches, savans, entendez : nous sommes les fils de la poussière; remuez la poussière et vous trouverez le germe de tout le genre humain. Dieu n'a pas pétri deux fois la boue de votre cadavre, ni soufflé deux fois sur lui pour l'animer d'un feu divin qu'il aurait refusé au pauvre et à l'ignorant. Voilà ce qui me console, moi qui souffre dans la misère et l'humiliation : mon origine est celle des rois, et, comme les rois, je cours à la tombe chassé par le fouet toujours égal de la mort.

Ce qui distingue l'homme sur la terre, n'est-ce pas la vertu? Chacun de nous l'avoue ingénument, et pourtant nous estimons ce qui n'est pas la vertu, tant nous avons corrompu notre âme!

Voyez, celui qui a la puissance autour de lui, fait-il le bien ?... Il a les pensées de Satan; comme celui de Satan, son règne ne devrait pas être de ce monde, car il fait le mal.

Le mal est ce que tu ne voudrais pas que ton frère fît contre toi. Quiconque pense autrement n'est pas vertueux, Dieu le punira.

Celui qui a la richesse en ses mains ferme les oreilles pour ne point entendre et les yeux pour ne point voir l'infortuné. Il est maudit, ses jouissances sont pour ce monde et ses tourmens pour l'autre.

Celui qui sait quelque chose croit tout savoir;

il a l'orgueil en partage, son cœur s'endurcit, il fait l'injustice du matin au soir, il méprise ses frères, et sa tête est son Dieu. Celui-là sera oublié dans l'avenir, et son âme ensevelie dans la fange.

Pourquoi ne méprisons-nous pas ces hommes, pour les punir aussi en ce monde? pourquoi humilions-nous notre front devant eux comme les gentils devant leurs idoles?... Prends garde, mon ami, l'opprobre est autour d'eux.

Voyez, un grand mal dévore les peuples! partout misère, orgueil et corruption. Nous avons besoin d'un Christ pour nous relever, pour nous conduire; et ce Christ, où est-il?... vous l'avez mis à mort... puissans, vous l'avez crucifié?...

— Il vit, ce Christ est sur la terre; écoutez-le...—Ah! oui; tu dis: obéis... et ta force me pousse là où tu veux. Et moi, je te dis: tu n'es que folie et misère, et la folie ne doit pas commander à la folie. Et d'où viens-tu donc, homme de l'orgueil, pour me dire: obéis... Regarde la terre; voilà ton berceau et ta tombe comme à moi.

Les rois et les mendians sont hommes, et pourtant les rois sont forts et les mendians sont faibles. Pourquoi cette différence si singulière entre les membres d'une même famille?

Nous pouvons voir : l'enfant touche ce qui est sans penser au-delà ; le sauvage voit et ne remonte pas à la source des choses : mais l'homme de la civilisation doit examiner et savoir ce que peut embrasser l'esprit de l'homme. Dieu lui a livré l'arbre de la science.

Maudit soit le barbare qui ne veut pas savoir ! que le ciel écrase la brute qui s'élance sur celui qui parle pour étouffer sa voix !

II.

Quelqu'un a dit : le besoin éleva les trônes.... Peuples, remuez donc les cendres de l'esclave! souillez sa tombe!... Oh! non ; ses paroles étaient amères et railleuses. Entendez plutôt comme il secoue les chaînes sur la route des puissans, pour avertir de leur passage.

Le besoin éleva les trônes! l'orgueil voulait-il dire; écoutez :

Dans le principe, Dieu seul était roi; mais bientôt l'ange naissant dit : je suis soumis et je peux commander; n'ai-je pas la force autour de moi! si je réunissais mes frères à mes côtés, je régnerais, je serais égal à Dieu.

L'ange réunit autour de lui ses frères, se mit à leur tête, et se révolta pour être roi.

Dieu, irrité, montra sa face, et celui qui ne voulait plus de l'égalité s'abîma dans les gouffres de feu, de soufre et de bitume, que la colère divine creusa pour les révoltés.

Il est donc bien jaloux ce Jéhova! La première fois que sa créature veut saisir le sceptre divin, il lui crée un empire immonde à gouverner dans les plus horribles tourmens.

Le premier homme qui dit : je suis roi, ne pensa point au châtiment du premier ange. Le crime était le même pourtant; son âme s'est endurcie parce qu'elle ne fut point écrasée au jour de sa révolte; mais qu'est-ce qu'un siècle de notre terre pour celui qui voit tout devant sa face. Demain, demain tu sauras, homme de misère et d'ambition, si l'on peut impunément ravir à Dieu son droit de puissance sur la créature.

Je n'appartiens qu'à Dieu seul, et je maudis l'usurpateur, le premier roi, le roi d'un instant, dont la colère divine brisa le sceptre impur, qu'elle perdit au fond des abîmes.

III.

Je suis monté sur la montagne du désert, et regardant au-dessous de moi, je n'ai plus vu ni les rois ni leurs sujets; et j'ai oublié ma patrie, et je me suis souvenu que j'étais enfant de la terre et citoyen de l'univers. Mon âme alors a senti la vérité, et j'ai mieux compris ce qui était dû au fils du cahos.

Car le puissant ne veut pas que l'on s'élève contre la puissance, ni le riche contre la richesse, ni l'esclave rampant contre celui qui roule aux pieds de l'orgueil.

Au contraire, celui qui s'arrête aux pieds de la montagne baisse la tête et dit : je suis bien ici, parce que la montagne borne ses regards et qu'il ne voit pas les belles campagnes qui sont au-delà.

Les mauvaises mœurs des nations ont ainsi dégradé l'homme; et qui donc pervertit les mœurs des nations? c'est le premier roi, l'ange rebelle.

O toi qui connais un secret pour rétablir l'homme dans sa grandeur, dans son égalité première, tu es un Dieu; dis nous ton secret. Tyrans, ne creusez pas des cachots pour cet Homme-Dieu, ne le crucifiez pas sur le Calvaire!

— Le règne insensé des juifs est passé; cet homme aurait des autels au milieu de nous; nous adorerions la vérité, loin de la souiller comme aux jours du Christ, qui mourut honteusement pour recevoir les hommages de ses bourreaux.

— Jérusalem, Jérusalem! tu t'es échappée de l'Orient, et l'on a dit: voici les ruines de Jérusalem! et je te retrouve parmi nous, féroce comme autrefois. Pilate est là, sa meute affamée l'environne; ici je vois tes cachots, ton Calvaire et tes croix; Jérusalem, Jérusalem! tu n'es pas en ruine; tu règnes par toute la terre, et ton sceptre est brillant, et ton sceptre écrase la vérité qui ressuscitera triomphante. Et les juifs adoreront alors!...

Quelle voie l'homme a-t-il donc tenue pour arriver de sa première innocence à la croix du Calvaire, et du Calvaire aux monstrueuses orgies de la civilisation?

Quelques penseurs ont vu l'homme vivant dans le principe comme les bêtes sauvages. Ses membres n'étaient point encore devenus paresseux et inutiles, ou des instrumens de débauches et d'horreurs; et son intelligence était asservie à ses seuls besoins. Les fruits des champs le nourrissaient, le feuillage des arbres touffus défendait son corps contre les intempéries du Ciel, et les forêts étaient les seuls palais des enfans de Dieu; et les enfans de Dieu dormaient là paisibles sous la garde de leur père, et pour garder leur sommeil, Dieu ne demandait à ses fils qu'un merci.

Cet heureux état a-t-il existé? Je n'en sais rien; mais en vérité je l'appelle de tous mes vœux, dussai-je avoir à combattre seul contre toutes les bêtes féroces d'autrefois. Car, alors, je bâtirais une cabane solide pour me défendre des attaques de la brute, et je reposerais en paix. Mais ici, que puis-je faire pour me défendre des puissans du monde! Je suis si faible, si chétif que je ne peux pas même gagner le pain du jour, et pourtant ne viendra-t-on pas me demander la moitié de mon travail pour dresser les repas somptueux des puissans? n'exigeront-ils pas à chaque instant la force de mes bras pour entasser leurs trésors, l'agilité de mes pieds pour courir à leur défense, et mon âme et mon corps qu'ils vendront pour une heure de plaisirs et de débauches? Oh! en vérité, en vérité, j'appelle de tous mes vœux les forêts de nos pères, leurs glands, leurs racines et le feuillage des arbres touffus.

Dieu aurait-il dit en jetant le premier homme sur la terre: hâte-toi de créer d'autres hommes pour qu'ils t'asservissent. Tes enfans devront combattre éternellement pour l'empire; quelques-uns domineront: je le veux ainsi; puis les autres fabriqueront des chaînes, creuseront des cachots pour être puni de ne point penser comme les plus forts. Ils leur éleveront à grandes peines de superbes palais, ils épuiseront la dernière goutte de leurs sueurs pour soutenir le luxe des puissans, et la dernière goutte de leur sang pour défendre leurs caprices. O homme! voilà pourquoi je t'ai créé.

S'il en était ainsi, je maudirais Dieu, je le blasphémerais du matin au soir, je ferais le mal tous les jours sans crainte de l'avenir ; car celui qui n'aurait point pourvu au bonheur présent de l'homme, n'aurait jamais eu la sagesse de penser au lendemain.

IV.

Faisons l'homme, faisons une ombre qui nous suive... et l'homme fut fait.

O homme! tu n'étais rien, et moi je suis dans l'éternité; je veux, je t'ordonne, obéis. Toi, tu diras aux animaux: venez, et ils viendront; allez, et ils iront. Mais l'homme n'écoutera que ma voix, il ne connaîtra que ma volonté. Maudit sois-tu, ô toi qui n'étais pas hier, si tu dis à ton semblable: je veux, va, obéis! maudit sois-tu, si tu n'entends pas mes paroles, et que tu dises: je commande, je règne. que le faible me soit assujéti. O néant! voici ma pensée: je suis maître, je suis seul souverain de l'univers, ma puissance est en moi, et je ne l'ai point partagée. Je suis seul grand, éternel, je vois tout, je sais tout; pourquoi voudrais-tu me soulager du gouvernement du monde? n'ai-je pas la force de Jéhova? ne suis-je pas assez puissant pour dire à ma créature : sois-là? et qu'ai-je donc besoin de toi, ô petit être, pour régir mon bien! qui es-tu? et qui suis-je? dit Jéhova au commencement des temps.

Que les animaux scient soumis à l'homme et l'homme à Dieu, voilà qui est bien.

Le livre sacré nous dit encore que Dieu prit de la terre rousse, qu'il la pétrit et qu'il en fit l'homme, sur lequel il souffla, et qu'à cet homme il donna le nom de la terre, pour lui rappeler son origine.

La femme fut donnée pour compagne à l'homme, et ils eurent ordre de croître et de multiplier, et tout était bien.

Alors le premier roi, l'ange rebelle rampa auprès de cette nouvelle créature, et lui dit : désobéis et tu sauras tout, et tu seras puissante; tu régneras, tu seras égale à Dieu.

Et la créature voulut régner, et Dieu la punit en la maudissant. Elle fut condamnée à travailler péniblement la terre, à dévorer l'herbe des champs, à ronger son pain à la sueur de son front, à la mort.

La vengeance divine fut satisfaite alors; l'homme ne fut point condamné à servir l'homme, à l'esclavage.

La mort, s'ils le veulent; ils sont puissans! mais l'esclavage, jamais, ô mon frère, Dieu ne le veut pas!

L'homme de la terre rousse eut des fils au commencement de sa carrière douloureuse, et il les gouverna dans l'expérience et la sagesse d'un condamné.

Qui peut mieux connaître que celui qui souffre? n'a-t-il pas droit d'instruire l'ignorant?

Taisez-vous, puissans du monde, la misère ne vous a jamais rien révélé; ne méprisez pas le pauvre dans sa chaumière, sa prudence est grande, il pourrait vous donner la science de la vie.

Le premier homme conduisant ses fils par la main, leur disait : mes enfans, voici le bien, faites le bien, Dieu le veut, votre père aussi.

Mais quand la raison descendit sur eux, il dit : voici le bien, voici le mal, faites le bien, votre âme vous dit : vous aurez la paix.

Et l'on ne vit point la force du père enchaîner ni l'âme ni le corps de ses fils, parce que l'ambition n'était point en lui, parce que le ciel vengeur de sa puissance ravie n'avait point égaré la raison du père, parce qu'un père veut le bien de ses fils et non le luxe de son pouvoir, parce qu'un père n'a pas la pensée de l'usurpateur en guidant son fils dans la voie de la justice que l'étranger ne connaît pas, car sa raison est pervertie.

Les puissans n'étaient pas sur la terre alors, et tout était bien ; un seul trône brillait dans les cieux pour diriger la terre comme un seul soleil avec eux pour féconder la nature. Les rois sont nés, et la jalousie et l'égoïsme ; l'homme déchire la blessure de l'homme et pose son pied sur le cœur du mourant.

V.

L'homme et la femme maudits, errans sur la terre, ne connaissaient encore de la misère que l'humiliation, car Dieu les avait chassé de sa présence; que l'inquiétude, car ils étaient condamnés au travail; que la souffrance du corps, car la femme avait mis au monde deux fils.

D'autres tourmens naquirent bientôt, car le sceau de la vengeance divine fut gravé sur le front des deux fils. Caïn et Abel avaient des goûts différens : celui-là, plus dûr, aimait les travaux de la terre; celui-ci, plus doux, s'adonnait aux soins des troupeaux.

Or, il advint que les deux frères firent chacun un sacrifice à Dieu, et Dieu eut plus agréable celui d'Abel, qui offrait des productions libres de la terre, que celui de Caïn donnant des fruits extorqués au sol ingrat.

Comment recevrez-vous donc, ô mon Dieu, nos présens d'or et d'argent, œuvres d'orgueil, de luxe et d'iniquités, vous qni n'avez point agréé ceux du tyran.

Alors l'ennemi du bien, le premier roi, l'ange rebelle arma la main du frère réprouvé, et la terre s'abreuva pour la première fois du sang d'un homme.

La paix ne pouvait-elle donc habiter au sein de cette petite société d'un père, d'une mère et de deux frères! comment la verrions-nous régner dans le monde au sein de ces troupeaux nombreux de brigands qui l'infectent, où chacun est ennemi, où l'homme embarrasse la voie de l'homme.

Voyez, un grand mal est là....

Le doigt de Dieu stigmatisa le fratricide, qui erra, entraînant sa famille maudite, mais il ne fut point condamné à l'esclavage, à servir ses frères.

Le désespoir bouleversa son âme, et il eut des pensées monstreuses, qui avaient déjà perdu les premières créatures sorties du néant.

Arrivé, dans un lieu nommé Naïs, il s'y arrêta

et il eut plusieurs enfans. Déjà abrutie sous le fardeau de son crime, son âme se dégrada encore : il se roula dans la débauche, devint voleur pour s'enrichir, et rassembla des méchans, dont il se fit le chef. Au même temps, il bâtit une ville, l'enferma de murailles, et la peupla d'habitans.

Dieu, Dieu! que voyons nous donc! Il n'y a encore sur la terre que Caïn et ses frères, ses enfans et ceux de ses frères; où trouverons-nous une société plus belle, et pourtant elle donne naissance à la tyrannie.

Oh! fuyez, vous qu'il persécute, vous qu'il veut corrompre; détruisez cette société coupable en vous dispersant loin d'elle. Laissez seul celui qui a la pensée du crime, et le mal ne sera pas, et la pensée du mal rentrera aux enfers, car sur la terre il n'y aura plus ni ambition, ni avarice, ni impiété : l'homme seul n'est pas méchant, et ses mains sont impuissantes pour le mal.

O Dieu! que n'avez-vous foudroyé ces hommes qui ont bâti la première ville; que de forfaits vous auriez arrêté dans leurs sources, que de malheureux vous n'auriez point arraché au bonheur, au néant! Le néant est un bien pour qui doit tant souffrir.

Caïn, le maudit, voulant étouffer les remords de son âme, embrassa tous les crimes, et se fit roi.

Mes enfans, dit le réprouvé, les hommes vont se multiplier autour de nous; ils pouront nous détruire si nous ne commençons par les soumettre. Bâtissons-nous des villes où ils puissent se corrompre; réunissons-les y en grand nombre, et ils cultiveront alors des arts nuisibles, qui gâteront leur âme, et nous deviendrons facilement leurs maîtres, et nous leurs vendrons nos faveurs pour les faire ramper à nos pieds, car nous aurons tout en notre puissance. Emparons-nous des champs pour les leur céder à grands frais ensuite, et les tenant de notre bienveillance, ils nous en rendront d'immenses revenus, et nous vivrons sans peine et sans travail.

Voilà bien la parole du premier tyran, mais sa pensée!... elle était cachée dans son âme. Tout asservir autour de lui, et payer de vils récompenses ceux qui lui prêteraient leurs forces pour le rendre fort : il voulait être roi, roi tout seul... il le devint.

Le roi vagabond, Caïn, eut peur d'être victime, lui qui était meurtrier. Il se fortifia donc contre les dangers qu'il préparait lui-même; il se creusa un repaire pour se défendre et pour attaquer; il bâtit Hénoch, foyer d'horreurs et d'abominations.

Bâtir une ville, n'était-ce pas l'œuvre du méchant? Qu'avait-on besoin de ces vastes murailles lorsque la terre des champs était seule nécessaire à la vie et au bonheur de l'homme?

Il faut des fruits au sage pour habiter la terre, et rien de plus, mais il faut une ville au fratricide.

Le sage pouvait élever une cabane contre les intempéries du ciel, puisque l'homme était maudit, et y demeurer avec ses jeunes enfans qui, grandis, auraient été plus loin cultiver les champs que Dieu leur laissait pour punition. Les soins de la nature auraient rappelé quelquefois ces familles éparses, mais la paix aurait été parmi elles, car le mal est-il parmi ceux qui ne se voient qu'en passant, et que des intérêts contraires ne retiennent pas dans les mêmes enceintes. Peut-être eût-on vu un crime alors, car ils étaient les enfans de la malédiction. Mais nous!... nous ne respirons que l'air infect du crime. Nous avons la pensée de Caïn; nous avons bâti d'immenses murailles... où les puissans nous parquent pour engraisser leurs terres.

Le fondateur de la première ville, le deuxième revolté, n'était-il pas un avare lui, qui dit : ceci est à moi; et il se bâtit une ville pour assurer ses possessions nouvelles : un ambitieux, lui qui réunit des hommes pour commander un injuste, lui qui se rendit maître d'un terrain qui devait appartenir à tous, et que Dieu n'avait point donné à lui seul.

Ah ! périsse donc à jamais cet infâme qui dit : je suis au-dessus de tous, et qui s'entoure de maisons que l'on ne saurait changer ! périsse ce tyran qui se cache dans les murs de sa ville, pour que l'on ne voye pas la malédiction qui l'écrase !

Despotes, un fratricide est votre maître, votre exemple ; un fratricide marqué du sceau de la vengeance divine. Dieu garde l'homme de bien de jamais suivre ses traces, de jamais continuer son œuvre au milieu de ses frères !

VI.

Le premier repaire de brigands, la première ville sort de terre : alors nous voyons naître tous les arts inutiles à la liberté de l'homme, mais nécessaires à son esclavage; on travailla le fer, on inventa les poids et les mesures, et l'on découvrit la musique, car les mœurs étaient corrompues et l'innocence et la bonne foi avaient été chassées par la ruse et la méfiance.

Caïn se réjouit alors; son autorité devint menaçante, et chacun trembla devant lui.

O honte, des hommes forts et vigoureux, qui n'ont besoin que de se courber vers la terre pour ramasser la nourriture de tous les jours, se créent un tyran ! mais comme Dieu les punit ! devenus esclaves au sein de leurs splendides maisons, ils léchèrent, en rampant, les mains ensanglantées de leurs bourreaux! ils n'avaient plus de forces, ils étaient les serviteurs d'un maître.

Et lui, il était seul pour opérer cette merveille, pour dégrader ces âmes trompées ou méchantes, et pourtant sa puissance est formidable et sa voix seule écrase.

O hommes lâches! laissez-le donc ce Caïn si fier et si dur, il verra combien il est faible alors, retirez-vous et il tombera.

Le tigre dans les forêts rugit et dévore les faibles, les faibles fuient et le tigre périt.

Caïn n'est pas un tigre, n'a pas la force d'un tigre, veux-je dire, et vous, vous n'êtes pas faibles, vous pouvez dévorer Caïn, mais vous préférez vous dévorer vous-mêmes; cessez-donc vos cris, vos cris m'importunent: à quoi bon tant pleurer sur les plaies que vous faites à vos corps et à vos âmes! tant maudire ces jours que vous rendez si mauvais pour vous! Caïn n'est fort que parce que vous êtes lâches; une partie de votre troupeau lui sert à asservir l'autre.

Un homme qui torture tant d'hommes, infâme Hénoch! un seul homme! infâme, infâme

Hénoch!... tu pleures... ah! tais-toi, tu fais pitié!...

Si je massacre celui qui veut ravir mon âme, fais-je bien, ô mon Dieu? je l'ignore; mais la victime a-t-elle droit de se plaindre? étais-je en sûreté auprès d'un homme qui, étendant la main sur moi, croyait avoir la puissance de me sacrifier à ses caprices, et se regardait comme un demi-dieu placé entre le ciel et la terre pour ne recevoir que d'en haut et nous fouler à son gré ici bas?

— Faut-il donc immoler Caïn?

— Non... non, vous dis-je! il ne vous est pas permis de tuer un homme, fut-ce un fanatique, fut-ce un méchant, fut-ce un assassin! car Dieu réserve sept châtimens à celui qui tuera le fratricide.

Mais il ne vous est pas permis non plus d'asservir vos frères et de leur dire à la voix d'un tyran : obéissez; car ils tremblent ces enfans, ils ont peur du grand coutelas du géant qui a faim de chair humaine.

Lorsque le réprouvé aura bien compris qu'il n'est rien, qu'il ne peut rien tout seul, il sera soumis à son tour; il suppliera; il ne commandera plus; il n'aura plus de sentiers inconnus, détournés; il marchera dans la grande voie où les hommes cheminent tous pour arriver au terme du voyage... à la mort.

Fallait-il tant d'apprêts, tant de soins, tant de troubles, tant de changemens dans notre état premier, et tant d'orgueil, pour aller tous pourrir dans la terre, les peuples et les rois!

Oh! quel plaisir, superbes chênes plantés sur la grande route pour gêner la marche des passans, de vous voir abattus par la foudre et rongés par les insectes.

Orgueilleuses Pyramides d'Egypte, que de peines, que de fatigues, que de crimes vous avez coûtés pour être inutiles! comme je rirais de voir un tremblement de terre vous renverser au milieu des champs et les pâtres s'asseoir sur vous pour se reposer de leur lassitude, puis emporter vos débris pour achever leurs cabanes!

Un grand vent est venu du côté du Nord, et il a déraciné les grands arbres, et les arbustes se sont réjouis, car ils ont pu croître alors, et le voyageur a dit : c'est bien, car l'arbre qui gêne l'arbre doit être arraché pour ne plus nuire, et l'autre croîtra d'autant.

Hénoch est esclave, mais ne s'est-elle pas enchaînée elle-même !

Qu'avais-tu besoin d'un plus puissant pour manger les fruits des campagnes pendant tes jours si peux nombreux ! qu'avais-tu besoin d'être ramassée en troupeau pour passer dans la vie !

Oh ! si le réprouvé devenait seulement victime des maux qu'il a réunis dans sa ville ! si ces démons qu'il a convoqués autour de lui pour faire le mal dévoraient le réprouvé ! il a dit, en regardant devant lui avec complaisance : qu'il est beau de devenir le dieu de ses semblables, de recevoir leurs hommages et leurs prières, de les faire trembler d'un seul mot, et de leur commander en maître !...

Caïn, Caïn, qu'as-tu fait ? quel étrange exemple tu as donné aux hommes !

Malédiction sur Satan, premier révolté, premier roi, première puissance au commencement des siècles !

Malédiction sur Caïn et sa ville, seconde origine des peuples et des puissans ! leurs descendans et leurs œuvres sont maudits de Dieu...

Homme si fier de ta civilisation, tu es donc

tout souillé d'ignominies! la corruption est ta mère, tu dois rougir, et le fratricide est ton père...

Caïn a fait la société pour lui, et la société imbécille chante ses louanges et obéit à Caïn...

VII.

Le gouvernement d'Hénoch et la puissance de son tyran fecondèrent en peu de temps l'ambition et tous ses forfaits. Des brigands s'élevèrent de toutes parts et des brigands les suivirent. On ne vit plus que des villes sortant de terre en tous lieux, et des peuples s'asservissant honteusement.

O homme! comme tu t'agites pour changer ce que Dieu a fait! tu n'es pas bien là où il t'a mit! tu es plus sage que lui, toi!... insensé!... pouvoir de l'orgueil, que tu es pressant!

Le trouble régnait dans le monde, les crimes abominables inondaient la face de la terre. Des géans vivaient alors, et des puissans naissaient en tous lieux du commerce impur des saints et des pécheurs.

Dieu se repentit d'avoir créé l'homme; il retira son doigt et le monde périt... à la réserve de quelques sages, que nous ne comptons point au nombre des tyrans ante-diluviens.

Pourquoi les potentats ne furent-ils pas plutôt respectés, ces demi-dieux, que Dieu créa d'une nature si belle.

Qui dit cela?.... L'esclave!

A la face du ciel un roi n'est-il pas qu'un homme? La pourpre dont il se revêt ne saura jamais dérober ses crimes à la foudre divine, juste, et sans respect que pour la vertu seule.

O terre, prends ici ta loi, c'est Dieu qui te la donne.

La terre inondée s'échappa des eaux, belle et féconde, purgée des sceptres orduriers qui l'avaient infectées.

Rois, superbes rois du monde, vous qui disiez : nous sommes dieux; il n'y a pas d'autres dieux que nous; mortels, obéissez.... Ah! qu'êtes-vous donc devenus? comment votre puissance s'est-elle changée en faiblesse? comment le Ciel n'a-t-il pas respecté ce droit, ce droit confié à vous seuls! comment êtes-vous tombés comme des petits enfans que le vent renverse, vous qui vous disiez si forts!...

C'est que vous n'étiez pas des dieux, et que vous aviez commis les péchés des hommes.

Ah! dieux d'autrefois, regardez: Noé, qui n'est qu'un homme, est sauvé, et vous.... l'on ne pense plus à vous; les eaux ont enfoui vos cadavres dans la boue, superbes dieux, dieux d'autrefois....

Ah; ils sont anéantis ces dieux qui nous écrasaient sous leur sceptre, et nous dansons sur leurs ossemens pourris....

Instruisez-vous, puissans de la terre, dieux d'un jour: il n'y a qu'un tombeau pour les rois et les sujets, la terre; et qu'un seul trône pour les rois et les sujets, la terre, toujours la terre. C'est de là que nous étendons notre faible sceptre sur la brute.

VIII.

Une ère nouvelle commence, le monde renaît encore : tout sera t-il bien dans l'avenir? Dieu va-t-il régner enfin.

O homme, ton bonheur est ici : oublie la malédiction divine et travaille sans inquiétude et sans ambition. Le premier monde périt sous le monstrueux édifice de la tyrannie; c'est là qu'est le péril: fuis la foule, fuis les hommes, car ils sont méchans, ils s'empareront de toi et t'écraseront sous leurs chaînes. Sois seul et Dieu ne te laissera pas tomber : pourquoi ne soutiendrait-il pas celui qui ne veut être qu'avec lui?

Noé fut sage, il comprit ce qui devait assurer la paix au milieu des hommes. Il ne voulut point se faire roi dans sa famille, il ne voulut qu'être père au milieu de ses fils.

Quelques-uns de ceux ci furent sages : ils se dispersèrent sur la terre pour ne point retomber dans les maux d'une société maudite qui avait détruit leurs pères. Ils crûrent alors et multiplièrent en paix sans obéir aux lois rapaces des puissans, et leurs fils se dispersèrent encore et le bonheur était partout.

Mais le bonheur ne devait pas durer sur la terre, car l'homme était maudit.

La Sagesse et la Piété périrent avec Noé et ses respectueux fils, Sem et Japhet. Mais la malédiction paternelle s'était apesantie sur un enfant abominable devant Dieu : et de lui tout le mal devait sortir sur la terre.

Cham, fils impur, fut condamné à devenir le serviteur de ses frères. Son crime était donc grand, ô mon Dieu, puisque vous avez exaucé la prière d'un père irrité qui voue à l'esclavage l'âme de son fils, vous qui n'avez condamné les coupables qu'à la mort.

O homme, que ta pensée est bien moins prudente que celle de Dieu. Dans ta colère tu perds ton fils et sa postérité, et Dieu ne veut pas perdre les fils innocens d'un père coupable. Il n'arrache que la vie, et toi le bonheur et la paix, père barbare.

Les fils de Cham furent des méchans ; ses petits-fils oublièrent Dieu et se firent des dieux sans forces et sans vertus pour détrôner Jéhova et usurper le sceptre dont il gouvernait encore le monde.

La terre alors vomit Nemrod. Nemrod, petit-fils de Cham, fut un grand chasseur : nourri de meurtres et de carnage, son âme s'endurcit et devint féroce. Il méprisa le doigt de Dieu et le fit blasphêmer par ses frères.

Quel est donc le but de cet homme ?.. Le renversement de tout bien. Il a une pensée qui n'a point péri sous les eaux du déluge, parce que l'enfer l'avait retirée dans son sein ; il la relâche aujourd'hui sur le monde.

Nemrod veut devenir puissant, devenir roi : le trône de Caïn lui fait envie.

Il réunit des impies autour de lui et chemina vers la vallée de Sennaar, où il établit le siége de son royaume. Là, ses crimes et ceux de son peuple grandirent ; ils faisaient l'œuvre des maudits. Mais le désordre bientôt parut au milieu d'eux, et ils comprirent qu'il était temps de se séparer. L'ambition peut-être porta les plus orgueilleux à fuir Nemrod pour régner aussi, loin de sa puissance.

Ils élevèrent pour souvenir, et par vanité, une tour effrayante, qui devait monter jusqu'au trône de Dieu : mais Dieu confondit leur langage, et ces peuples pervers se dispersèrent en différens pays, laissant leurs travaux imparfaits et emportant avec eux le signe de la réprobation et le désir du mal.

Nemrod, premier puissant après le déluge, régna seul alors à Babylone.

Hommes de bien, rejetez loin de vous l'héritage impur de ce brigand d'autrefois! gardez vos mains du sceptre qui souille, et ne flétrissez pas votre front par le bandeau de Satan, Caïn et Nemrod!

Ces noms sont antiques, l'horreur qui les poursuivait n'est plus rien pour vous : vous riez; mais leur profession n'est pas descendue au tombeau avec eux, mais leur brigandage est presque devenu une institution respectée. Maudissons-les, maudissons-les toujours, car leurs intentions sont pernicieuses. Ecoutez...

Quand la tête est mauvaise, les membres sont-ils bons? La tête... Satan, Caïn et Nemrod; les membres?... voyez autour de vous ce qu'on y fait, et nommez-les...

IX.

Nemrod avait donné l'exemple : nous voyons bientôt des ambitieux s'élever de toutes parts, entraîner des hommes avec eux, et bâtir des villes non loin de celle de Nemrod : Arach et Achad et Chalanné; puis d'autres encore, Ninive et Chale et Resen.

La paix pouvait-elle régner dans ces foules que le désir seul du mal réunissait?.. Non.. Aussi vit-on naître en peu de temps les plus effrayans désordres, la guerre et toutes ses horreurs. Les villes s'élevèrent contre les villes, les peuples contre les peuples, et la désolation suivait les rois. Chacun voulait agrandir son domaine, sa puissance et son nom : les faibles furent la proie des forts, et les forts devinrent impitoyables.

Ce fut ainsi que les grands empires s'arrachèrent du néant, et les conquérans s'applaudissaient ; et les peuples qui leur avaient donné la force obéissaient en silence sous le sceptre odieux de la tyrannie.

Les peuples furent donc toujours timides, eux à qui l'audace appartiendrait ! Qui donc a vaincu? les esclaves ou les despotes?...

Les despotes sont seuls, ils n'ont que la force de deux bras ; les esclaves sont nombreux et ils devraient faire trembler.

D'où vient donc cette merveille qu'une foule frémisse devant un homme?

C'est que chacun a sa pensée et ignore celle de son frère, parce que tous ne sont pas bons.

Vous savez cela, puissans, c'est le secret de votre force, car un grand nombre vous maudit, mais en silence, de peur que la dent impure de ces brutes que vous glissez mystérieusement au milieu des peuples ne les dévore.

Oh ! si tous aient vertueux et voulaient le bien, comme on serait heureux en ce monde ! comme la liberté divine planerait au-dessus de nos têtes, belle et brillante comme Dieu l'a faite! comme nous pourrions tous nous asseoir avec joie au banquet de la vie!

Pourquoi faut-il que notre front soit écrasé par l'esclavage! pourquoi faut-il, qu'assis auprès de mon frère, je voye sa main répandre le poison dans la coupe qui m'enivre?... pourquoi les puissans ont-ils étouffé les faibles?... pourquoi les faibles ont-ils baisé la trace des puissans et ne se sont ils relevé que pour caresser leur épée qui tue?...

Peuples, vous n'êtes point faits pour user votre âme contre la terre, ni pour vous disputer la terre au gré des puissans.

La terre peut suffire à tous. Rien n'est plus ridicule que de voir des troupeaux d'hommes paisibles s'irriter tout-à-coup contre des frères pour défendre les caprices de quelques hommes. Laissez la brute voler au sifflet du chasseur; pour l'homme, il a sa pensée, qui seule doit l'instruire, et sa pensée n'est pas renfermée dans la maison des rois ou de leurs eunuques.

Malgré les efforts continuels des potentats pour tout soumettre à leur empire, dans les temps qui suivirent ceux de Nemrod, nous voyons encore quelques familles se soustraire au mal commun. C'est ainsi que l'écriture sacrée se complaît à nous donner l'exemple d'Abraham, de Loth, et de plusieurs autres qui passent au milieu des peuples sans obéir à aucun.

— Mais n'étaient-ils pas rois ces hommes?

— Oh! non... Ils n'avaient, pour palais, que la cabane des patriarches ou la tente des voyageurs; pour gardes, que leur famille, et des serviteurs pour soigner leurs troupeaux et les défendre des brigands qui troublent la vie paisible des gens de bien.

O hommes, que ne contemplez-vous le bonheur de ces heureux pour former le vôtre sur lui! c'est là, là seulement, dans les champs des patriarches, que vous devriez envoyer vos législateurs, et non dans ces cavernes à riches colonnes, où l'on dévore de trop timides victimes. Charniers sanglans, croulez-donc enfin sous la vengeance de la raison et de la justice outragées...

Des tyrans attaquent Abraham et Loth, et ces hommes de Dieu tirent l'épée, et ils sont victorieux dans la vallée de Sare. Dieu les protège, il leur annonce de grandes récompenses, il les a choisis pour devenir les pères d'un peuple de prédilection.

On les maudirait aujourd'hui ; on leur bâtirait des cachots pour punir ces rebelles qui défendent leurs biens et leur liberté contre les voleurs qui ont dit : Nous avons droit de prendre ceci. Tant nos pensées sont différentes de celles de la vérité!...

Nous ne voyons plus à cette époque que l'histoire de tous les autres peuples : des rois qui fondent leur empire et l'affermissent, des peuples qui se soumettent en tremblant et qu'on gouverne comme une meute dans les forêts, châtiant s'ils ne comprennent pas la voix du maître, et caressant de la main s'ils sont intelligens.

Nous ne voulons point suivre l'histoire dans tous ses développemens, nous ne voulions que méditer quelques instans sur l'origine des puissances ; et c'est le livre de Dieu, qui ne ment pas comme ceux des hommes de passion et de cupidité, qui nous a découvert cette source si féconde, qui s'en va sur la terre inondant tous les peuples.

Voilà donc comment ont commencé notre monde, nos sociétés, notre civilisation ! voilà l'origine de tout ce qui est aujourd'hui ! Dieu lui-même a pris soin de nous en conserver le souvenir, grâces lui soient rendues; notre guide était sûr, nous avons dit la vérité.

Mais si maintenant nous voulions narrer les origines secondaires de chaque peuple d'autrefois et de chaque peuple d'aujourd'hui, quel cahos à féconder!... ce serait trop, car nous n'aurions plus pour guide que l'œuvre de l'homme; et l'incertitude et le mensonge sont toujours là.

X.

Un mot encore, car c'est Dieu qui nous le donne. J'ai vu ceci.

Dieu se fit roi des descendans d'Abraham, comme il veut l'être de tous.

Or, il advint que ce peuple ingrat, fatigué des juges qui rendaient justice en Israël sous l'œil de Dieu, demanda un roi de ses tributs au prophète Samuel.

Alors, Dieu s'irrita : rapportez ceci à mon peuple, dit Jéhova : Tu veux un roi, mais ce roi te commandera durement; il te ravira tes enfans pour son luxe et sa défense; il en fera ses gardes et ses esclaves; il grevera tes biens d'impôts pour payer ses eunuques et ses valets;

il attirera tout à lui, et toi tu seras son esclave, et alors tu crieras : Seigneur, délivrez-nous de ce roi de notre choix !

Et le Seigneur n'écoutera rien, parce que tu as voulu un roi.

Cette prédiction effrayante ne troubla point Israël. Il cria toujours, vers Samuel : Donnez-nous un roi.

Les grands sans doute étaient artisans de cette sédition, attendant pour eux ce fardeau si terrible, quand on veut le bien, qu'il n'y a qu'un insensé plein d'orgueil qui puisse le convoiter, un avare, un ambitieux ou bien un méchant.

Un grand ne fut point choisi : ce fut un pâtre, Saül, enfant de la dernière famille de la dernière tribu d'Israël.

L'homme eût-il fait cette élection si Dieu n'eût point inspiré ? car le peuple disait : N'est-ce pas là ce Saül, le dernier des tribus d'Israël ?

Et les fils de Belial disaient : Celui-ci saura-t-il jamais nous défendre ?

Pourquoi pas !... parce qu'il n'est pas riche ! parce qu'il est inconnu à tous ! La science est-elle donc dans la fortune et dans la renommée. Laissez, laissez, Dieu l'a choisi, tout est bien.

Insensés, qui donc peut mieux conduire un peuple que celui qui sort du peuple, qui connaît les misères et les besoins du peuple! Tous vos grands d'Israël ne sont-ils pas trop élevés pour qu'ils puissent jamais apercevoir ces petits qu'ils veulent gouverner! Ils enverront parmi vous des valets superbes, qui passeront sans rien voir et diront que tout est bien quand leurs affaires seront en bon état.

Des hommes bâtirent une haute tour, et, quand elle fut achevée, l'un deux monta sur son faîte et vit au loin des choses qu'il n'avait point encore vues; et il se plût sur la tour, et il oublia ses frères qui l'avaient bâtie, et il se crût leur Dieu, parce qu'en regardant en bas, il les vit plus petits que lui.

Voilà ton roi, Israël!

Vous qui voulez donner des lois aux peuples, avez vous souffert pour savoir compâtir aux maux des autres? avez vous vu la cabane du pauvre et sa misère pour savoir ce qui convient à son soulagement?

Je demande à tort, car ne sais-je pas que la puissance n'est utile qu'aux puissans?

Comment voulez-vous qu'un avare qui a ses

trésors à remplir ou à conserver, et toujours à augmenter, puisse fondre son sceptre d'or pour secourir les indigens!

Comment voulez-vous qu'un jeune voluptueux perde ses pensées dans les affaires des affligés, lui qui ne voit partout que l'image honteuse de la crapule empourprée!

Ah! peuple, peuple d'Israël, tu auras des rois, tu auras des rois avares et voluptueux qui ne penseront à toi que comme un fermier pense à son troupeau. Ne les remercie pas si parfois ils paraissent te conduire vers les gras pâturages, car ensuite l'on t'arrachera ta toison, l'on te vendra et tu tomberas sous le couteau sanglant, parce que tu t'es engraissé et que tu dois nourrir ton maître :

Peuple d'Israël, ne te réjouis pas aujourd'hui dans les fêtes, car demain tu payeras ta joie. Leur pompe et leur éclat ne sont que l'appat du pêcheur perfide? prends-y garde, peuple d'Israël!....

Et vous, puissans, gardez-vous de l'écraser, par vos lois onéreuses, ce peuple qui vous a laissé lui ravir sa liberté? votre puissance vous aveugle: parce que vous n'avez jamais vu que des trésors immenses, vous ne savez pas combien est précieuse l'obole du pauvre.

Entendez, si vous le voulez, potentats : rien n'est plus dangereux qu'un homme élevé dans les grandeurs pour gouverner des misérables. Dès-lors que vous avez des appartemens dorés, vous ne savez pas si la hutte indigente est froide et malsaine; dès-lors que vous avez une table bien servie, vous ne pensez pas que le pauvre meurt de faim. Le pain qui devait le nourrir on le lui arrache pour fournir à votre faste somptueux.

O sagesse des nations !....

Que j'aimerais bien mieux un pâtre sage et prudent, qui viendrait du fond de sa campagne; ayant vu tous ses frères, ayant su toutes leurs souffrances, il dirait : Nos frères souffrent, soulageons leur indigence, car il est si horrible de ronger un pain dur et noir auprès de la table de l'opulence.

Mes amis, c'est assez pour le bonheur d'un peuple. Nous n'avons que faire de riches qui se disputent les haillons des pauvres sur des trônes tout éclatans d'or, ni de savans qui pensent à leurs discours et à leur esprit, et qui délaissent les intérêts publics.

J'ai vu quelquefois des hommes demander le sou de l'indigence dans un vase d'or, et j'ai ri de pitié ne pouvant rien autre chose.

Le pâtre Saül était un homme juste et vertueux; il devint roi, et il fut méchant, et il fut reprouvé de Dieu.

Où le peuple d'Israël cherchera-t-il maintenant son chef? Dieu s'est trompé dans son choix; comment l'homme trouvera-t-il celui qui ne se pervertira pas sous la pourpre?

Mais Saül n'est pas étranger en Israël, sa famille n'y est plus inconnue; pourquoi le sceptre serait-il offert ailleurs? N'est-ce pas un bien héréditaire.

O Ciel! mais qui donc a dit cela! L'homme né sur le trône ou ses valets. Voyez la pensée de Dieu.

Dieu dit à Samuel : Saül a fait le mal, je le vomis de ma bouche comme une eau tiède; cherchez un roi qui m'entende.

Samuel alla, conduit par la main divine, et Dieu lui envoya celui qu'il avait choisi, le plus petit des enfans d'Isaï, un pâtre.

Saül, Saül, et ton droit! ce droit que Dieu t'avait donné, qu'en ont-ils fait? comment l'ont-ils méprisé?

Tu l'as perdu, méchant, pour n'avoir pas été juste et pieux. Ton droit t'est ravi, tu n'es plus qu'un coupable digne de châtiment.

Et ta famille! ta famille!

Le peuple est-il ton troupeau! la terre d'Israël est-elle ta ferme pour la laisser en héritage à ta famille! est-ce une propriété que l'on t'avait donnée pour toujours, pour que tu la lègues à tes fils! ah, ne crois pas que l'on t'aie fait injustice pour t'avoir chassé d'un bien que tu gérais mal. Mauvais serviteur, pourquoi as-tu trompé la confiance des peuples qui avaient déposé leurs intérêts en tes mains? pourquoi as-tu dit : Ceci est à moi, je gouverne à mon gré; tandis que ceci est à tous, tandis que tu n'es que le gérant des affaires de ton peuple, de ton maître!

Qui trouverions-nous dans ta famille pour le placer à notre tête, disait Israël? un enfant, un méchant, un fou, une femme! Et qu'y a-t-il de plus ridicule, de plus impertinent que de voir un enfant commander aux vieillards, un méchant imposer des lois aux bons, un fou aux sages; une femme aux hommes, une femme qui vend ses provinces pour un baiser!...

Le pâtre David fut donc élu. Il était agréable

au Ciel par son innocence; la puissance le rendit coupable, adultère et meurtrier.

Instruisez-vous, peuples et rois!...

C'est assez dire d'Israël, son histoire est trop connue; finissons ici pour l'origine de sa puissance royale: nous avons vu là tout ce que nous y voulions voir.

XI.

Si nous voulions jeter un coup-d'œil sur l'origine des autres peuples, qu'y verrions-nous que nous n'ayions déjà vu à l'origine des siècles?

Le fratricide Romulus s'entoure du rebut des nations, d'hommes perdus de dettes et de débauches, et de voleurs. Que veut-il donc cet homme?

Il veut être roi... Quel plus sûr moyen d'occuper un trône que de le placer au milieu des bandits des forêts qui le défendront comme leur bien! Il était fort, plein de courage; n'est-ce pas assez pour fonder son droit de puissance, potentats d'aujourd'hui?...

Voilà tes fondemens, superbe Rome : tu fus

bâtie avec la fange des peuples; mais ta naissance est trop éloignée, tu ne la vois plus, personne ne la voit plus. Tu as couvert tes impuretés de la pourpre royale, et tu te dis grande, et tu te dis belle, et tu te dis reine de l'univers. En vérité, en vérité, je vous le dis, l'orgueil ravit la raison.

Sept rois passèrent leur vie à bâtir autour de ce trône infect et chancelant pour l'affermir au sein de la nouvelle ville; et ce fut assez de sept hommes pour lasser la patience admirable d'un peuple soumis.

Les Romains maltraités pensèrent enfin qu'ils pouvaient chasser leurs rois pour recouvrer leur liberté si indignement outragée, et injustement vendue par leurs pères.

Et alors commença cette belle, cette brillante, cette sage république qui dura si long-temps et avec tant de gloire, malgré les fureurs de ses rois déchus, malgré les complots des méchans qui avaient la pensée des rois.

Mais rien n'est durable sur la terre, pas même le bien qui rend heureux.

La république tomba sous les coups de ceux qui voulaient être rois, et avec elle toute la gloire, toute la prospérité de Rome, qui devint la proie des barbares, fut incendiée, se releva pour un instant et retomba sous la puissance royale, qui traîna dans la fange cette lionne si fière, la mutila et la laissa enchaîner par des sauvages.

D'où Rome est-elle tombée !...

Faible repaire de brigands sous ses rois, si glorieuse au temps de la liberté ; puis, abrutie enfin et rendue méconnaissable par la main des rois encore, elle tombe, et ses haillons sont dispersés, et des pêcheurs sans force ramassent ces haillons et refont le manteau royal de Rome.

Image de la mort : un squelette sous la pourpre, Rome moderne.

Peuples, ne remuez pas ce grand cadavre, les vers le rongent, il est infect ; voilà l'ouvrage des rois...

D'où Rome est-elle tombée !!!...

XII.

D'où viennent ces voix étranges!.... n'ai-je pas entendu le bruit des morts et des mourans, des vainqueurs et vaincus!... n'ai-je pas entendu les cris des peuples qui s'agitent !... n'ai-je pas vu briller les armes des combattans...

C'est la Grèce antique qui se révolte de toutes parts contre ses tyrans.

L'histoire, celle que l'homme nous a transmise, montre les Grecs vivant d'abord dans les champs et les forêts, sans lois et sans tyrans, heureux comme des hommes libres.

Quelques-uns s'élevèrent et dirent : Nous sommes comme la brute; bâtissons-nous des villes renfermées de murailles et nous serons plus heureux.

Ils bâtirent des villes, qu'ils renfermèrent de murailles, et dès-lors il y eut des rois, ceux qui avaient dit : Bâtissons-nous des villes, et des sujets, ceux qui avaient bâti les villes. Les rois parurent plus heureux, et le sort des sujets devint pire : mais la faiblesse fut en ceux-ci, et ils souffrirent baisant la main des tyrans.

Ce malheureux état dura long-temps au milieu des révoltes fréquentes de ceux qui souffraient.

Les rois enfin, plongés dans la débauche, s'énervèrent, leur force tomba, et les esclaves, ramassant leur force, massacrèrent les tyrans.

Ne criez pas, puissans de la Grèce, si les peuples que vous avez arrachés des forêts vous dévorent. Vous les tourmentez; l'homme fait bien s'il se guérit du mal qui le ruine.

Les rois ont vécu dans la Grèce ; ils y ont fait le mal, et la Grèce est flétrie, elle est morte.

Les barbares ont passé sur elle, et le beau ciel de la Grèce leur a plu, et ils y ont bâti leurs cabanes sur les ruines des palais royaux.

Et alors des rois nouveaux ont germé là, sur la pourriture royale d'autrefois, et l'esclavage est pire, et la misère et la honte sont restées sur le sol de la Grèce.

Elle a brillé quelquefois au vieux temps; elle est ternie aujourd'hui; elle est sombre comme un tombeau. Et le philosophe qui s'assied sur la pierre du sépulcre ferme ses narines pour ne point être infecté, et dit, en détournant la tête : Il n'y a plus ici que de la fange...

XIII.

Les Gaulois étaient vaillans partout, mais chez eux vaillans comme des lions qui défendent leurs cavernes.

Leurs forêts, leurs campagnes et leurs fleuves parurent un séjour de délices aux peuples du voisinage, et la guerre leur fut déclarée.

Les Francs n'avaient-ils pas alors la pensée des brigands?... Ils en eurent encore l'audace et la force.

Depuis Ascaric et Ragaise jusqu'à Pharamond, Clodion, Mérovée, Childéric et Clovis, successivement chefs de ces barbares, on les voit s'élancer avec rage contre les féroces Gaulois, qui les repoussent avec rage toujours et souvent avec succès.

Malgré l'énergie de ses habitans, la Gaule était de jour en jour envahie. Clovis l'asservît enfin; puis, élevé sur le bouclier du combat, il se fait proclamer roi des Francs, des Francs usurpateurs! car, où était donc leur patrie? et quelle patrie occupaient-ils alors?

Les Gaulois, retirés dans leurs forêts mystérieuses, entourèrent l'arbre d'Irminsul, et immolant des jeunes hommes, ils supplièrent Teutatès d'écraser les bandits d'au-delà du Rhin. Ce fut en vain, leur fierté passa sous le joug, et le tyran nouveau resserra les chaînes de ses esclaves en fendant de sa framée terrible les soldats qui osaient crier contre ses injustices.

Bientôt Teutatès et sa compagnie divine furent chassés des forêts de la Gaule: Clovis fit couler l'huile du chrétien sur son front, et enchaîna la religion nouvelle au char de sa fortune; et ces peuples qui, naguère, choisissaient leurs chefs parmi les plus forts et les plus vaillans, eurent ordre de croire que le Ciel lui-même imposait le lourd fardeau de la royauté à la seule famille de Clovis.

Clovis était cruel : ses soldats craintifs suivaient en esclaves les traces de son épée; et la royauté fut héréditaire par l'ordre de Dieu, au dire de Clovis, lui qui n'avait succédé au commandement de son père que pour sa vaillance et par choix des soldats.

Que d'horreurs nous voyons alors! Les Francs se ruent sur la Gaule, et l'asservissent pour jouir de la fertilité de son terrain : le chef des Francs se déclare leur roi et s'empare de la couronne pour sa famille, et la lui lègue en mourant.

Et vous souffrez cela, Francs! Francs, vous souffrez cela!...

Toute la France d'aujourd'hui sait quels furent les successeurs de Clovis, et si l'ambition ne pervertît pas plus d'une fois l'ordre d'héritage qu'il avait établi. Il avait eu la force de prendre le commandement royal, d'autres eurent la force de l'arracher à ses fils et de le léguer à leur famille.

Voilà notre première origine à nous. La force et la brutalité de Clovis nous ont soumis; mais la force et la brutalité sont-ils des droits?...

Quel droit au reste l'homme d'autrefois avait-il sur les nations futures pour les léguer à ses fils? Quel est donc cet insensé qui ne sait pas que l'avenir n'appartient point à l'homme d'aujourd'hui?

Tu oses me crier que nos pères ont fait des conventions avec leurs tyrans; mais nos pères sont morts, leurs tyrans sont morts... Ont-ils promis pour moi, d'ailleurs! n'ai-je pas aussi mon âme remplie de liberté! si je ne veux pas être vendu par mes pères, moi! La génération esclave et tyrannique est morte; la génération qui vit est libre, et a seule droit de former ses conventions, n'est-ce pas, ô mon frère?

— Tout est vrai; mais tu consens à vivre sous le régime de tes pères, puisque tu obéis en silence.

— On me ferme la bouche dès l'instant de ma naissance, et tu dis que je consens à obéir! Ne vois-tu pas cette épée qui va me frapper, si je parle? ce cachot entr'ouvert qui va m'engloutir, si je dis ma pensée?

O Caton, je n'ai pas peur de la mort; mais pourquoi mourir sans profit pour la patrie!

— Tu ne veux donc pas obéir librement?....

— Non... Et toi, qui me commandes, pourquoi ne veux-tu pas obéir?

— Ses pères lui ont légué l'autorité souveraine, il a droit de commander.

— Ses pères ont usurpé, car les pères de ses pères obéissaient. Où est le droit maintenant?

— Dans la prescription.

— Ah! faiblesse humaine, que tu parais ici! Mais, est-ce la nature, est-ce la loi qui dit cela? La nature dit : sois heureux, Sois libre. C'est la loi; mais la loi, c'est la parole d'un petit nombre.

Toutes les fois que je vois un puissant, je pense à son origine, et son origine me dit : Révolte-toi, et tu régneras, et tu donneras ta puissance en héritage, si tu peux. Car celui-ci, las d'obéir, s'est révolté, et il règne, et il a droit de règner, dit-il.

Ah! pitié! dérision! Un droit que l'on acquiert par l'injustice! un droit qui n'est fondé que sur la force. La force, voilà le droit!

Il a droit de régner... et moi aussi je le dirais si j'étais roi, et si je voulais rester roi. Je dirais : Dieu et le peuple m'ont placé sur le trône, c'est un crime digne de mort que de se révolter contre le puissant.

Et je jetterais dans les cachots, et je tuerais le rebelle, parce que je serais roi.

Que de crimes encore je commettrais envers Dieu et son peuple, toujours pour garder ma royauté ! et je dirais : Je fais ceci, parce que Dieu et ton bien le veulent, ô mon peuple bien aimé !

Et ce seraient moi et mes intérêts seuls qui le voudraient : et je rirais en secret, parce que je serais roi.

XIV.

Méditez un instant, vous qui m'entendez, sur l'origine de nos institutions, et dites-moi quel respect nous devons avoir pour une existence si corrompue. Depuis quel temps n'est-on plus coupable de posséder l'impur héritage d'un voleur ?

Voyez, mais voyez donc comme ils jouissent avec orgueil du fruit de leurs rapines ! ils se sont établis au-dessus de nous, et ils ont dit : Nous voici plus grands que tous, donnez à vos seigneurs pour leur faire hommage.

Quel est donc ce nouvel être qui prend ainsi autorité sur moi? quelle est sa forme, son génie, son corps, son âme ? et que sais-je quoi demander encore, faible comme je suis auprès de cet être nouveau !

Quel est donc ce Dieu inconnu qui vient prendre possession de moi ? Cieux, dites-moi son origine.

— C'est le fils de la Terre, c'est l'homme.

— O toi, fils de la Terre, mon frère, que veux-tu ? l'héritage de notre père appartient à tous ; pourquoi nous le ravir pour toi seul ? pourquoi nous le vendre à ton profit, puisqu'il est à nous tous ? Dis-nous donc l'instant où notre père t'a dit : Assujettis tes frères, tu vaux mieux qu'eux tous ; toi seul tu as l'âme assez grande pour les conduire tous, tu as l'âme plus grande qu'eux tous.... sois roi.

— Esclave, paye à ton roi !

— Quoi, il faut que l'homme paye à l'homme le droit de respirer l'air de la nature. Et qui est donc le Dieu de l'homme ! n'est-ce pas à lui seul que ce droit appartient ! et ne l'ai-je pas payé en adorant Jéhova !

Que veut donc cet homme par ses intentions rapaces ? la terre n'est-elle pas à moi comme à lui ? ses titres lui donnent-ils l'empire de la terre et le pouvoir de la louer à ses frères !

O Dieu, ô notre père, voilà donc ce que vous craigniez ! le méchant a paru et a dit : Ceci est à moi, je suis le Dieu de la nature ; il n'est pas d'autre Dieu que moi : hommes, payez à votre Dieu le droit de votre vie et de vos biens.

Pharaon, Pharaon, si j'abaisse mes regards sur toi, je dirai aux ministres de ma vengeance : Approchez de Pharaon, fermez-lui la bouche, qu'il ne blasphême plus ; bouchez-lui les narines, qu'il n'infecte plus l'air qu'il veut ravir aux bons ; ouvrez les portes de la mort, et que la mort dévore Pharaon !...

XV.

Nous avons vu combien la source des puissances est immonde, combien son cours est infect. Où trouverons-nous ce philtre précieux qui pourra purifier l'onde impure qui nous abreuve tous les jours?

Le sage ne le connaît pas, l'imprudent croit le connaître, et comme les puissans d'autrefois, conquérant un pays nouveau, il massacre pour posséder.

Arrête, ô mon frère, ô Brutus! que-fais tu? tu te souilles de sang pour entrer au temple de la liberté! mais l'innocence veille à la porte; elle te repoussera, et tu souffriras dans l'opprobre....

Peuples, ne massacrez pas, et restez ce que

vous êtes, car il n'y a pas assez de prudence en vos âmes ni d'amour du bien public pour qu'un changement vous soit avantageux.

— Rester ce que nous sommes! toujours souffrir! toujours souffrir!

— Et oui, restez, restez... car je parle à des hommes de passion, d'orgueil, d'ambition, d'avarice et d'égoïsme. J'ai regardé autour de moi, et n'ai-je pas vu la philantropie et le patriotisme qui fuyaient avec indignation?... Restez, restez, vous dis-je!...

Celui qui remue, c'est pour chercher un lieu qui ne convienne qu'à lui; celui qui travaille, c'est pour lui, pour lui seul, laissant aux autres le soin difficile d'acquérir la paix de l'aisance.

J'ai vu l'ami du peuple couché le long des palais des rois, et il disait : Maudits soient les rois! que le bonheur et la paix soient sur le peuple!... Mes amis, consolez-vous les uns les autres, soulagez-vous les uns les autres... que celui qui est fort prête sa force au faible; que celui qui a le moins de chagrins essuye les pleurs de celui qui est dans l'affliction, et Dieu le bénira...

J'ai dit alors : Je suis faible et dans l'affliction plus que tous, voyons l'ami du peuple.... et l'ami du peuple s'est fermé les yeux et les oreilles pour ne point voir ni entendre celui qui souffre.

Combien d'hommes n'ai-je pas entendu crier partout : Largesses pour les pauvres ! et tout le peuple a dit, bénis soient ceux qui crient : Largesses pour les pauvres !

J'allai vers ces hommes, et je leur dis tout bas : Je suis pauvre, moi... et ils ont ri entr'eux, et j'ai pleuré parce que je suis pauvre et sans secours, et je me suis repenti d'avoir dit tout bas : Je suis pauvre

Voyez donc si le frère aime son frère et si les paroles du riche et du savant ne sont pas mensongères.

Le riche ferme sa porte pour ne point donner abri au pauvre ; le savant serre autour de lui les pans de son manteau pour ne point protéger le jeune homme sans soutient contre les tempêtes de la vie.

En vérité, je vous le dis, il n'y a pas de philantropie sur la terre ; tous les hommes de puissance sont des tyrans impitoyables ! Peuples, ne croyez pas à leurs paroles, elles sont mensongères, je vous l'assure : ils parlent pour être applaudis et non pour faire le bien; leur voix est un airain sonore qui ne peut qu'étourdir.

Une horrible malédiction pèse sur le monde, car de quelque côté que je me tourne, je ne vois pas l'endroit où l'on ne souffre point.

C'est pourquoi nous détruisons autour de nous tous les repaires des bêtes féroces qui dévorent, puis nous ne savons pas quel monument élever à leur place.

Le terrain, les ouvriers ou l'architecte manquent-ils à ce peuple actif parfois, parfois indolent et toujours égoïste.

Eh! oui, égoïste!... car pourquoi le char de la paix ne peut-il gravir la montagne escarpée sans être traîné par l'esclavage et conduit par le despotisme?

C'est que chacun des esclaves veut être maître, et bénit l'égalité des lèvres seulement : s'il a la force, il se fait despote et conduit le char en fouettant ses frères. Voilà pourquoi il a remué dans l'ombre, puis s'est élancé au-dehors avec le poignard de Brutus.

O honte ! des hommes qui maudissent l'esclavage en traînant leurs chaînes, qui brisent leurs chaînes et les relancent avec fierté sur leurs compagnons de servitude et les écrasent !.. O infamie ! infamie !

Voilà le mal, l'égoïsme ! chacun pense à soi et rien qu'à soi.

Puisqu'il en est ainsi, n'aurais-je donc pas un mot de malédiction pour ces sociétés vivantes qui ont créé les puissances, source unique de tous les maux, le mal sans espoir ?

O mon frère, regarde autour de nous, et dis-moi si nous n'eussions pas été moins à plaindre dans nos forêts antiques où, vivant seuls ou en tout petit nombre comme la brute aujourd'hui et toujours, nous eussions laissé dans le néant une grande partie du nombre incalculable des souffrances qui nous accablent.

— Vivre comme la brute aussi !

— Eh non! isolés comme la brute seulement, et sages comme l'ombre de Dieu, et non pas destructeurs comme les démons.

La brute est aujourd'hui ce qu'elle a toujours été, ce qu'elle sera toujours, parce que Dieu la gouverne, et que le plus fort ne fait sentir sa force qu'en passant, comme un chasseur, et n'établit pas son domaine sur ses semblables.

Et nous, nous avançons dans le mal, nous conjurons toutes les souffrances sur nous, parce que l'homme s'est élancé sur l'homme, l'a saisi et en a fait sa proie de tous les jours.

L'homme est l'image de Dieu avilie par l'enfer et guidée par les démons, puisque le mal nous environne de toutes parts : la brute est l'automate que Dieu conduit; il ne l'a pas ramassée en société : ses desseins ne sont pas les nôtres.

XVI.

Quelqu'un a dit : le mal est dans la société ; un autre a dit : le bien est dans la société.

Pourquoi cette divergence d'opinions parmi ceux qui forment la même société ?

L'un était dans l'infortune ; l'autre était joyeux.

Où donc est la vérité? où la verrai-je, moi qui souffre? où la verras-tu, toi qui ris ? Soyons un instant sérieux sans chagrin, et voyons.

L'on a reconnu deux principes qui dirigent les actions de l'homme : l'un, de se conserver et de pourvoir à son bien-être ; l'autre, de compâtir aux souffrances de ses semblables.

C'est bien là l'instinct de la nature, la voix de Dieu. Il n'y a que les hommes de la société qui ont pu pervertir des lois si équitables et rompre le nœud qui les enchaîne.

Ils l'ont fait ; voici leurs principes : pense à toi d'abord, pense à toi ensuite ; détruis tout ce qui est contre toi, contre ton bonheur.

Dans la société, tout homme est ennemi : celui-ci est trop riche, il m'écrase parce que je suis pauvre : tout est pour lui, rien pour moi ; il l'emporte par tout, il entrave ma voie, il est mon ennemi... Détruis tout ce qui est contre toi.

Cet autre est mon égal ; il a peur de me voir arriver plus haut que lui, il trouble ma profession qui gêne la sienne, il calomnie, il maudit ; ce qu'il perd me revient, ce que je perds lui revient : nous sommes ennemis... Détruis tout ce qui est contre toi.

Le savant est jaloux du savant, il est impitoyable pour l'infortuné qui l'implore ; son nom nous est nuisible, il le jette au-devant de nous pour embarrasser notre carrière ; il est notre ennemi... Détruis tout ce qui est contre toi.

Que dirais-je donc de ces durs liens de l'esclavage que nous trouvons partout ? de cette férocité des puissans qui déchire le faible pour repaître sa force ! que dirais-je ?... Oh! c'est assez; pense à toi, ô homme; pense à toi : détruis tout ce qui est contre toi, contre ton bonheur.

C'est la voix de la société qui dit cela, et si l'homme obéissait toujours, la société serait éteinte ; car elle crie contr'elle, elle est un principe de division, comment subsisterait-elle !

La nature aussi dit : pense à toi d'abord ; mais elle ajoute : ne fais pas l'injustice, ne fais pas à ton frère ce que tu ne voudrais pas qu'il te fît à toi même. C'est pourquoi je ne tremble pas auprès de mon frère comme s'il était mon ennemi ; car sa pensée, la pensée de la nature ne le lance pas contre moi : détruis tout ce qui est contre toi, mais ne fais pas l'injustice.

Société, nature ! il y a toujours guerre entr'elles, car la passion est la compagne de la société, ainsi que l'égoïsme.

Tout homme a dit dans son âme : si j'unissais mes forces à celles de mon frère, j'aurais deux forces, et les unissant aux autres je serai redoutable, je dominerai, je serai distingué dans la foule, je pourrai assouvir mon cœur sans crainte.

Chacun a dit cela et s'est trompé, car un petit

nombre seulement ont retenu toutes les forces autour d'eux, et les autres ont obéi...

La première loi de la société est l'intérêt privé; la seconde est semblable à la première; et le mal serait tous les jours en elle, si la nature n'élevait sa voix pour crier à chaque homme : Pense à toi d'abord, mais ne fais pas l'injustice.

Cette voix fut gravée dans nos codes, car les potentats voulaient régner, et ils ont dit : La société tombera, et nous avec elle, si nous ne l'appuyons sur la nature. Mais prenez garde, c'est le tigre et la brebis; le tigre dévorera la brebis, car le tigre est féroce.

La nature n'a pas fait de semblables lois : Ne fais pas à ton frère ce que tu ne voudrais pas que ton frère fît à toi-même.

Elle ne veut donc ni maître ni esclave, ni grand ni petit; car vous qui êtes maîtres et grands, voudriez-vous que les esclaves et les petits vous rendissent esclaves et petits pour devenir maîtres et grands?

La nature dit : sois religieux, car la reconnaissance est bien.

Et la société rit de cette faiblesse.

La nature dit : vis pour être utile à ceux qui ont besoin.

Et la société : deviens riche, deviens grand, deviens puissant. Et si quelqu'un nous crie : sois juste et bon avant tout, c'est la nature; la société ne dit pas cela, car chacun l'a formée pour lui seul.

— Mais la nature aussi, que nous dit-elle donc? d'errer seuls, comme des bêtes féroces dans les forêts! de périr sans secours, en proie aux maladies et aux intempéries du ciel, et à la dent des bêtes sauvages! car l'homme n'est pas assez fort pour se défendre de tant de maux.

— Non, mon frère, il n'en serait point ainsi... Ne sais-tu pas que les maladies sont l'impureté de la société, et que le ciel n'est pas plus sévère pour l'homme qu'il gouverne seul, que pour celui qui vit autour du palais des despotes?

Crains plus la dent du despote que celle du tigre, car le tigre gronde et dévore; le despote caresse et vous étouffe en vous embrassant.

Ta frayeur te crée des monstres, mon ami ; tiens ton âme en repos et vois bien ce qui est.

La société, n'est-ce pas la réunion permanente d'un troupeau d'hommes, régi par les mêmes lois et soumis au même fouet des puissans?

Et le gouvernement de la nature, n'est-ce pas celui d'un père conduisant ses fils dans le jeune âge, soutenu par eux dans sa vieillesse, et n'obéissant jamais au joug étranger? C'est la vie patriarchale du vieil âge.

Qu'un père commande à ses fils, n'est-ce pas bien que ses fils obéissent? y a-t-il de la servitude? Mais qu'un étranger dise : obéis, je suis ton maître... Oh! c'est là ce que je ne conçois pas; il n'y a que le méchant qui dit cela.

— Silence, ennemi du bien!

— Pardon, mon frère, si je réveille l'âme que t'a donnée la nature, et si j'étouffe celle que t'a donnée la société.

Mes paroles, d'ailleurs, ne sont point la harangue qui chasse contre l'ennemi, mais l'histoire de ce qui est maintenant et de ce qui fût dans le principe. Il est permis de dévoiler les plis de notre âme pour voir ce que Dieu y a écrit, et nous avons ordre de regarder en arrière pour nous instruire du passé.

Mon frère, vis paisible dans la société, pour que ton mal ne soit pas pire encore; il n'en restera pas moins vrai que la société est un péché et un tourment, et que la nature avait du bonheur à nous offrir.

L'homme n'a pas voulu demeurer en repos où Dieu l'avait mis; il a voulu créer aussi; mais

tout ce qui vient de l'homme est imparfait et sujet au mal.

Voyez-le, si Dieu lui dit : travaille jusqu'à ce que je te rappelle à moi; il se crée un travail qui lui plaise, qui le distingue, qui le fasse un dieu au milieu de ses frères : il les asservit. Voilà son œuvre; c'est l'œuvre du méchant, n'est-il pas vrai?

Si Dieu lui dit : sois en paix là où tu es, je n'aime pas la foule, parce que le crime est là; lui aussitôt s'agite pour réunir ses frères, et leur dit : me voici, moi, je puis vous gouverner. Comme si Dieu ne suffisait pas à tous.

Et que fait-il donc cet homme?

Regardez, il demeure en repos, tandis qu'autour de lui tous travaillent. Serviteur paresseux, qu'as-tu besoin de croiser les bras sur ta poitrine pour que d'autres te donnent le pain qui te nourrit? qu'as-tu besoin de présider aux travaux des hommes? Quiconque travaille pour soi est diligent et digne de vivre; quiconque regarde le travail et commande au serviteur habile peut partir, il est inutile.

Imprudente société, tu soutiens donc un puissant paresseux qui parle, commande, dévore le travail d'autrui et s'endort!... ô hommes!...

XVI.

On dit : la puissance est utile et nécessaire aux peuples. Et moi je dis : la puissance est utile aux puissans et nécessaire à la dégradation des peuples.

Un grand nombre ont crié : maudits soient les puissans, car l'orgueil infecte leur âme, et leur âme répand son venin sur tous!

Et chaque homme est puissant sur la terre.

Les rois commandent aux peuples, les riches aux pauvres, les maîtres aux serviteurs, les savans à ceux qui veulent un nom, et souvent les peuples, les pauvres, les serviteurs et la jeunesse dédaignée, font trembler les rois, les riches, les maîtres et les savans.

Notre société est un troupeau de tyrans que

l'ambition ou la misère tient toujours en haleine; mais les plus forts sont impitoyables. Ecoutez les cris des vaincus... mon cœur en a frémi....

Nous maudissons la puissance, et la puissance qui nous sourit enorgueillit tout homme.

Chacun veut être roi dans sa patrie, dans sa province, dans sa ville, dans son village, dans sa famille.....

Silence, mon ami! Croyez-vous que nous ne sachions pas de quelle blessure partent vos cris? Vous maudissez ceux qui sont au-dessus de vous; mais vous tyrannisez ceux qui sont au-dessous. Vous aimez à vous entourer d'une pompe improvisée qui rappelle que vous n'êtes pas rien, que vous avez quelqu'argent, quelque crédit au-dessus de tous; vous aimez à vous déguiser sous la bizarre livrée des masques de la haute comédie; vous levez une armée dans votre village pour être général; vous déformez votre pension en caserne pour jouer le chef important; vous êtes capricieux, exigeant dans votre famille, comme un roi dans son royaume, et vous n'aimez pas la puissance!...

Oh! mon ami, vous croyez sans doute confier vos goûts à un homme qui ne vous comprend pas, qui n'entend pas votre langage. Dieu nous garde de votre grandeur, car vous seriez un tyran impitoyable, vous que quelques enfans réunis, quelques paysans déguisés en soldats rendent si fier. Oh! Dieu nous garde de vous!

La puissance nous déplaît, mais quand nous ne pouvons la saisir. Lorsque l'audace et ses forfaits nous ont assez grandi pour nous élever en haut, nous nous cramponnons là et nous méprisons la terre, et nous nous croyons des dieux, parce que personne n'a vu l'ignominie de notre élévation.

XVII.

Que ne pouvons-nous remonter à l'origine de chaque puissant d'aujourd'hui; que d'horreurs nous rencontrerions là !

La violence, le meurtre, le pillage, le brigandage, le renversement de mœurs, la fraude, la flatterie, l'humiliation, tout est là, là est l'origine de chaque puissance.

Je ne sais quels étaient mes ancêtres, à moins que je me rappelle le patriarche Noé; mais Dieu a gardé mon âme de souvenirs humilians.

Quiconque est riche ou puissant doit rougir, car il a hérité de l'opprobre. Il y a dans la fortune des taches que tous ne voient pas; car les premiers riches ont souvent fait le mal secrètement pour avoir des appartemens dorés où ils ne dormaient pas, car le remords était là; et de nombreux serviteurs qui les méprisaient, car ils ont dit : cet homme est bien vil. Ils avaient tout vu.

O hommes! vous vous réjouissez dans vos richesses, et vous dites : nos richesses éblouiront et l'on ne verra pas les vapeurs ténébreuses qui nous entourent; ceux qui les verront courtiseront nos richesses et nous béniront, parce que le puissant est avec nous et que le pauvre doit vivre de notre puissance.

Vous qui travaillez dans la souffrance, ne regardez pas les puissans, laissez-les au milieu de leurs richesses, gardez pour vous vos grains, vos fruits et vos soins; et ils verront que la douleur peut habiter chez eux, au milieu de leur abondance, et ils diront tout bas : nous sommes inutiles sur la terre, nous ne savons même pas ramasser la manne du désert qui tombe à nos pieds.

Les riches peuvent tout; si le monde était plus sage, ils ne pourraient rien. Petits, reposez-vous huit jours, les grands seront dans la détresse et les souffrances! et pourtant ils vous méprisent, ils vous écrasent, parce qu'ils connaissent votre humiliation, et que vous ne voulez pas en sortir? Vous obéissez quand vous pouvez commander : ne criez pas alors!...

Donnons un habit de toile au rustre pour couvrir son odieuse nudité, et de la paille pour nourriture, disait un riche, un noble, un puissant.

Il était sincère cet homme; ce que ceux de sa caste pensent dans leurs comités honteux, lui il l'exprime tout haut.

Le rustre est sans doute né de la fange, et lui du soleil! le riche mourra et sera sans doute enseveli dans les enfers, et lui porté dans le sein d'Abraham.

Dieu, en sera-t-il ainsi! Oh, vous avez écrit sur votre charte et dans notre cœur : tout homme est égal devant ma loi. Et vous ne mentez pas vous! vous n'êtes pas un puissant de la terre.

Qu'est-ce que le riche et le puissant ont donc de plus que moi, pour tant estimer leur cadavre? n'ai-je pas aussi une tête, un tronc et des membres!

Ce qui les distingue, c'est donc parce qu'ils ont caricaturisé leurs habits, parce qu'ils se sont creusé des repaires où tous n'abordent pas, parce qu'ils ont bâti un temple pour y être adoré par des idiots ou des peureux.

Ignoble civilisation, tu conserves tout cela, et tu dis : tout est bien, je règne et j'adoucis les maux de la vie ; et moi je te dis que tout est préjugé sous ton règne, ô civilisation! que tout est faux autour de nous et en nous, et que la misère t'accompagne.

XVIII.

J'ai vu des nobles déchus de leurs antiques richesses; ils ne brillaient plus insolemment au milieu de nous, mais ils pouvaient vivre dans l'honneur et les travaux : ils aimaient mieux se reposer, et ils souffraient parce que l'orgueil enchaînait leurs bras, parce que de honteux souvenirs d'opulence empoisonnaient la vie douce et paisible qu'ils pouvaient mener dans la solitude.

Ne plaignons pas ces hommes : comme les pauvres, ils n'ont qu'un corps à nourrir; mais ils veulent les brillantes futilités qu'estiment tant les insensés. C'est la méchanceté qui les tourmente.

Vous qui avez la force et dont la démence voit

toujours des ennemis sous les haillons du pauvre, regardez, vos ennemis sont là; ils vous tueront un jour, parce qu'ils ne faut à ces vampires que des tombeaux pour les engraisser.

Les riches ont regardé au-dessus d'eux, et ils ont dit : pourquoi l'égalité n'est-elle pas sur la terre ?

Riches, regardez au-dessous de vous, et faites-vous peuple, faites-vous humbles; car le peuple et les humbles ont dit : pourquoi les riches ne sont-ils pas au même rang que nous?

Aux jours du printemps l'arbuste des campagnes a crié : que ne suis-je l'arbrisseau de la colline, qui reçoit les plus doux rayons du soleil! et l'arbrisseau a crié : que ne suis-je l'arbre de la montagne, qui reçoit les plus doux rayons du soleil!

Alors un nuage orageux a voilé le soleil, un grand vent est sorti des flancs du nuage, et l'arbre brisé a roulé aux pieds de l'arbrisseau, et l'arbre et l'arbrisseau ont roulé aux pieds de l'arbuste, et protégé sa tige agitée et fragile. Et l'arbuste s'est réjouit parce que les ruines de la montagne et de la colline avaient étouffé le vent orageux.

·Arbres orgueilleux ne frémissez pas si fort pour avoir été semé par l'orage sur le sommet des montagnes : votre germe est celui des arbres des plaines, et votre tronc est le même?

Vous, dont la mémoire est assez heureuse pour vous rappeler que le marquis, le duc, qui vivait il y a 200 ans du même nom que le vôtre, est de vos ancêtres, que ne remontez-vous un peu plus haut, vous verriez ce marquis, ce duc, bâtard des orgies royales, rougir presque de son nom nouveau qu'une femme seule éhontée avoue.

Voilà votre origine, dites-vous, sang impur : Athéniens, Athéniens, immolez-nous ce minotaure, la terreur du pays, car c'est un monstre.

Combien d'hommes aux vêtemens bigarrés ont droit de revendiquer l'honneur de leur famille? Mon ami, ton père fut un homme de bien, on l'a récompensé : mais toi, qu'es-tu? parce que tu portes les insignes de ton père, tu dis : je suis homme de bien. Non, tu te trompes, la vertu n'est pas héréditaire; la force d'âme engendre la faiblesse souvent, et la faiblesse la force d'âme. Rappelle-toi que Louis XIII était père de Louis XIV et fils de Henri IV. Si le chiffre de l'histoire n'était pas là, on se demanderait qui fut le père de Louis XIV et le fils de Henri IV. Mon ami, la croix de ton père sur ta poitrine, c'est la croix du tombeau, il y a un cadavre là... ton cœur.

Admirez l'homme vertueux et l'œuvre de son âme, et non pas le fils de l'homme vertueux; car le chêne robuste produit tous les jours dans les forêts des rejetons bâtards sans force et sans vigueur.

Pourquoi le fils dégénéré hériterait-il aussi des récompenses du père? c'est là le mal d'autrefois, c'est un des maux des orgies d'autrefois.

XIX.

D'où vient que ma voix crie contre le passé? l'avenir ne criera-t-il pas aussi contre le temps actuel?

Nous disons aujourd'hui : Dieu! comment se fait-il que nos ancêtres aient eu si long-temps la lâcheté de garder leurs mœurs honteuses. Le sceptre féodal est brisé : le peuple hercule a enfin détourné le fleuve impétueux, pour purifier l'étable infecte d'Augias. Le Ciel en soit béni!

Mais, que vois-je donc encore de toutes parts? Ici et là sont bien gisans les cadavres des monstres ante-révolutionnaires? mais tout n'est pas mort. Beaucoup aussi ont surnagé pendant le déluge, l'arche a sauvé, non pas ce qui était utile comme autrefois, mais des brutes qui nous dévorent.

Je ne vois plus la dîme, mais je vois les durs impôts et les patentes, les hideuses patentes. Vous qui conduisez votre frère à la ville, payez pour ce service. Vous qui travaillez du matin au soir, et du soir au matin pour soutenir les jours de votre famille, payez pour votre travail, payez pour respirer l'air que Dieu nous donne à tous, payez pour poser vos pieds sur la terre que Dieu donne à tous, payez pour manger le pain que Dieu donne à tous, payez, payez toujours... L'hydre aux mille têtes a faim. Epuisez vos sueurs pour désaltérer ce monstre gras et paresseux.

Je n'entends plus le fouet du très-haut et très-puissant Seigneur; je ne retrouve plus les noms de corvée, redevance, droits de joyeux avénement, et combien d'autres encore! tout s'est renfermé dans les impôts, droits directs, droits indirects dans nos chartes aux fouets piquans et dans les caprices de nos puissans d'aujourd'hui.

Mon ami, refléchis un peu, compare, l'antiquité vit encore, elle n'a changé que de nom, de costume; ce n'est plus qu'un masque hideux,

Et l'on nous dit civilisés...

Mais un jour viendra où l'on dira, comme nous disons aujourd'hui : Comment se fait-il que nos ancêtres aient eu si long-temps la lâcheté de garder leurs mœurs honteuses !

Nous sommes civilisés ! nous, nous !... O Dieu, est-il possible !

Et cette injuste justice qui vous déshonore sur un soupçon, qui dit à tous : Voici un voleur, un assassin ; voyez, déjà nous sommes impitoyables pour lui, nous le conduisons aux cachots en plein jour, devant tous, afin de l'humilier, de le punir.

Et puis dans trois mois, on vous dira : il est innocent.

O barbares, vous avez détruit mon existence ! brutes des pays sauvages, vous avez dévoré mon honneur ! Qui donc ne dira pas maintenant : cet homme est coupable, puisque vous l'avez dit si haut par la voix de votre meute impitoyable ! Qui donc aura confiance en cet homme qui a langui trois mois dans vos prisons ! Ah ! rendez-moi ma vie, mon honneur, tout ce que j'avais de précieux au monde. Vous avez étouffé mon innocence, vous avez taché mon âme : eh bien ! détruisez plutôt mon corps, vous qui usurpez ce droit au ciel. Dieu, faut-il qu'ils soient puissans !... Voilà leur droit, le droit de la bête féroce du nouveau monde.

Ils ont fait des lois et ils ont dit : tout ce qui est contre la loi est mal. L'avez-vous dit là haut, vous, ô mon Dieu? Qu'ai-je besoin de ce fatras d'écrits pour vivre en paix ! N'est-ce pas plutôt leur luxe, leur orgueil qui a besoin de moi pour m'entourer de ses lacs, comme l'araignée enlace l'insecte dans son réseau pour sucer sa vie.

La loi, je l'ai dit, c'est la pensée d'un petit nombre. Comptez nos législateurs, comptez le peuple aussi. Mais ils se sont dit représentans ! Ah! le peuple ne se représente pas là où il peut être lui-même, c'est vous qui vous mettez à l'écart pour fabriquer vos foudres, et non pour établir le bien du peuple.

Vous vous êtes préposés à la tête d'un peuple et vous avez dit : peuple, nous voici, nous te servirons.

Chassez donc ce serviteur hardi, qui s'établit chez moi pour servir. C'est moi qui veux choisir mon valet, moi-même; j'ai besoin de connaître sa science et son cœur.

Peuple, as-tu choisi ton valet? connais-tu sa science et son cœur pour qu'il te représente dignement? Mes amis, un millier d'hommes n'a point renfermé son bon sens dans la tête souvent idiote d'un représentant qu'il ne connaît pas.

Il est riche, il a des terres immenses, des châteaux, un bel équipage, de nombreux esclaves; il est digne de donner des lois au pays, sa science est assez vaste, son cœur est assez bon, c'est l'homme qu'il nous faut : et le peuple l'a choisi.

Qu'ai-je dit, le peuple! Oh non... Mais quelques imbéciles auxquels on a promis une part du pillage que l'on n'a pas donnée... quelques gourmands qui ont vendu leur âme pour un repas truffé... quelques vieux béquillards du fond des provinces pour lesquels on a jeté dans l'urne un nom qu'ils ne pouvaient pas lire, voilà ceux qui nous ont donné des représentans.

Mais le peuple!... Ah, mes amis, à quoi bon est le peuple? que voulez-vous qu'il sache? Il est si gueux! Il ne pourrait jamais s'élever à la haute considération des choses publiques, ni comprendre ce qui est bon et utile au pays.

Laissez, je vous en prie, laissez le peuple dans la fange où le ciel l'a planté. Ruinez ses forces, marchez sur lui, écrasez-le, mais ne le relevez pas, il est fait pour obéir et ramper...

Peuple, peuple trop patient, au nom de Dieu je t'adjure; lève toi, secoue cette boue immonde qui te rend méconnaissable, et montre à tous combien tu es beau, fort, et savant dans la considération des choses publiques; lève-toi, peuple! car partout on te méprise; réveille-toi, car voilà des insectes couverts de fange qui salissent ta face, parce que tu dors!

XX.

Une foule d'hommes autour de nous s'engraissent des sueurs qui nous épuisent, et ils disent : tout est bien dans le monde, ce que Dieu a fait est bien, et il a fait tout ce qui est. Voyez combien il est sage : il n'a pas voulu que tous les hommes fussent également riches, parce que la société n'aurait pu subsister un jour, et il voulait que les hommes fussent ramassés en société. Il a dit : il faut des puissans et des faibles ! des faibles pour servir les puissans, et des puissans pour protéger les faibles.

Qu'est-ce à dire, ô mon Dieu ! on vous accuse. Des ambitieux ont fait le mal, et ils ont dit : Voilà l'œuvre de Dieu.

— Impies, je courberai votre front vers la terre,

et je le perdrai dans la boue, dit Dieu. Gardez vos secrets imposteurs et vos doctrines perverses. Ce qui est au milieu de vous est de vous, ô hommes, je n'ai fait qe le bien.

C'est vrai, Dieu de sagesse; mais pourquoi ne percez-vous pas la langue de ces blasphémateurs? le Tout-Puissant ne craint pourtant pas les tyrans du monde. C'est à nous qu'il convient d'être timides, nous qui ne sommes point assez sages et aimant le bien pour réunir nos forces et pousser le cri divin : Je ne servirai pas !

Il y a parmi nous des hommes assez avides pour se laisser tenter par le fruit de l'enfer. On leur dit : Soyez espions! et ils sont les espions de leurs frères : Dénoncez vos frères! et ils les dénoncent : Tuez vos frères! et ils les tuent. Et les puissans rient d'étonnement, et ils donnent à ces hommes les miettes de leur table, et ces hommes les dévorent pour avoir la force de tuer encore.

O, mes amis! prenez enfin courage. Les hommes de bien sont-ils devenus assez rares, pour ne fournir à la cause sacrée que quelques bras décharnés! les tyrans sont-ils assez nombreux pour nous dérober les feux du soleil par la multitude de leurs traits ! ne sentez-vous donc plus en vous la vigueur des enfans de Dieu, pour vous laisser enchaîner par des hommes! Brutus, ô Brutus! réveille-toi, car Rome, ta bien aimée, est dans les fers !...

Ils croyent, ces tyrans, nous abuser par leurs paroles et leurs lois. Est-ce que nous ne savons pas qu'ils regardent le pays comme une plantation productive qu'il faut exploiter avec soin ! S'ils ne prennent pas à la main le fouet du maître pour activer l'esclave, s'ils ne nous vendent pas sur les places publiques comme des bêtes de somme, n'ont-ils pas bâti des prisons pour y renfermer le malheureux qui ne sue pas assez pour arroser la terre des tyrans? n'ont-ils pas des brutes lâches et féroces qu'ils lancent sur ces hommes souffreteux qui demandent un instant de repos dans le champ de leur père, occupé par l'étranger barbare? n'ont-ils pas ces infâmes couteaux d'assassins publics pour trancher les têtes qui disaient : vous ne nous détrousserez pas ! n'ont-ils pas des marchés mystérieux où ils trafiquent en secret des intérêts des peuples à leur propre bénéfice ?...

Ah! si je pouvais montrer à tous les mains

ignobles qui font mouvoir la grande machine des sociétés.

Un vieillard puissant se ferme les yeux et les oreilles pour ne point voir ni entendre ceux qu'il s'est soumis. Il est avare, il faut qu'il s'enrichisse ; il s'enrichira.

De là, tous ces grands mouvemens qu'il opère dans le pays, et dont tout le monde recherche laborieusement les secrets, et que beaucoup expliquent si honorablement pour les intérêts du peuple et de la patrie, et qui pourtant ne sont que pour gorger les trésors du vieil avare...

De là, ces impôts multipliés en temps de paix, et demandés sous des prétextes si beaux, et qui pourtant ne sont que pour gorger les trésors du vieil avare...

De là, toutes ces grandes entreprises que personne ne comprend, et que beaucoup rattachent à des intérêts de fédération entre quelques puissans, et qui pourtant ne sont que pour gorger les trésors du vieil avare...

Donnez à ce vieil avare, et il vous vendra la vie du peuple, tyrans étrangers. Menacez le vieil avare, et il vous donnera l'or du pays pour conserver le sien : donnez des fêtes capricieuses et dites : il est bon que chaque puissance ait son représentant auprès de nous. Quelques-uns se disputeront alors le plaisir de promener leur inutilité sur les plages voisines, et le vieil avare dira : peuples, donnez de l'or aux puissans voyageurs...

Un jeune homme puissant se ferme les yeux et les oreilles pour ne point voir ni entendre ceux qu'il s'est soumis. Il est voluptueux, les femmes conduiront ses pas.

De là, cette insouciance pour tout ce qui l'entoure... Pauvre peuple! tu souffres, toi, mais que font tes souffrances au jeune voluptueux : il te faut du pain à toi; et à lui il faut ton pain pour le donner à ses femmes; il lui faut tes filles pour assouvir sa brutalité; il lui faut tes biens pour donner des fêtes à ses femmes; il lui faut ta vie pour qu'il la jette au-devant de lui dans ses querelles d'amour.

On a fait des guerres bien longues et bien sanglantes pour une maîtresse impure : on a ruiné bien des provinces pour le caprice d'une maîtresse impure; et le peuple malheureux souffrait et se battait à la voix du beau voluptueux... Peuples!... ô peuples!...

Pénétrez au fond des cabinets des puissans, et vous verrez là des femmes infâmes qui donnent des baisers aux puissans pour leur faire signer des arrêts de mort contre des amans qui les ont délaissées, contre des hommes vertueux qui n'ont pas compris leurs caprices, contre des femmes qui leur ont ravi leurs amans ; et quelques jours après vous entendrez crier au milieu des peuples : Justice de notre puissant monarque contre Marigny, traître envers la patrie!...

L'or est la seule pensée du vieil avare, son âme royale est toute entière à ses trésors, le peuple est la mine précieuse. L'amour et ses orgies sont les seules pensées du jeune voluptueux; son âme royale est toute entière aux prostituées : la cour est un sérail où l'innocence est vendue, et l'or du peuple est répandu dans des plaisirs dont on le repousse.

Et nos historiens et nos politiques profonds passent des nuits bien mauvaises pour expliquer la conduite des puissans ; ils écrivent de belles pages sur la cause d'une guerre qu'ils ne connaissent pas, sur la mort d'un homme vertueux qu'ils accusent de trahison, sur la perte d'une province, sur une révolution dont ils voyent la source dans les siècles passés, tandis que tout est là, là au fond du cabinet du prince, sur le lit d'orgie royale où la courtisane ignoble remue d'une main impudente le cadavre ensanglanté du peuple.

Pauvres peuples !... pauvres esclaves, pensez-y ! ! !

XXI.

Oh ! qu'ils sont heureux les puissans : ils ont de l'or pour des plaisirs ruineux, et moi je n'ai pas même du pain tous les jours : ils ont des appartemens splendides que nous payons pour eux, et moi je n'ai pas même le plus humble coucher pour toutes les nuits ; ils ont de pompeux équipages que nous entretenons pour eux à grands frais, et moi je n'ai pas même une chaussure aisée pour marcher sur la terre, et dans leur course rapide ils me couvrent de boue, moi qui n'ai que le si modeste vêtement d'un petit enfant du peuple que j'épargne avec tant de soins ; ils ont des hommes qui les servent avec ardeur et que nous salarions pour eux, et moi je languis dans mon lit de souffrances, parce que tous me délaissent, moi qui suis si misérable; ils ont des femmes qui les adorent et auxquelles nous donnons pour eux de beaux équipages, et les femmes me dédaignent moi, parce que je n'ai qu'un cœur flétri de souffrances à leur offrir. Comme j'aimerais pourtant celle qui prendrait pitié de mes tourmens ! L'amour est le seul bien que l'on ne puisse m'arracher... un baiser est si doux! tous les rois du monde ne valent pas un baiser de celle que l'on aime... Oh, qu'ils sont heureux les puissans!...

Peuple, sois heureux aussi; deviens maître à ton tour; que tes bras ne creusent plus les cachots où l'on t'enferme; ne fabrique plus ces chaînes où l'on presse tes mains et tes pieds. Si tu veux, tu seras roi; nous serons tous rois de la terre comme Dieu nous a faits; nous serons tous libres comme Dieu nous a faits; nous serons tous égaux comme Dieu nous a faits; et nous serons tous heureux: c'est pour le bonheur que Dieu nous a faits.

Méprisons ces voix qui disent : les peuples sont nos serviteurs, nous sommes les maîtres des peuples, nous voulons les rendre heureux.

Vous voulez nous rendre heureux, puissans!

eh bien ! rentrez dans les rangs du peuple d'où vous êtes sortis par tant de crime ! faites-vous humbles comme vos frères, et vous ne craindrez plus les machines meurtrières que l'on traque sur votre passage comme dans les bois sur le passage des bêtes féroces, et l'on n'assiégera plus vos palais comme le repaire de brigands, et vous n'aurez plus besoin de gardes qui vous suivent comme si vous passiez en pays ennemis, et votre sommeil ne sera plus troublé par de mauvais songes, et vos festins ne vous présenteront plus la mort sous mille formes diverses, et vos heures de loisir ne vous diront plus : ta famille est en paix maintenant, meurs, et tous mourront avec toi peut-être, car les peuples se remueront alors... Tu fais bien, ô Sylla, descends du trône, et tes derniers instans seront paisibles au milieu du peuple étonné.

Je ne parlerai pas davantage, j'ai trop parlé peut-être ; car, à quoi sert de crier dans la foule? la voix est étouffée, l'on ne vous entend pas.

Si pourtant j'entendais dire auprès de moi : il a raison, travaillons pour nous, depuis assez long-temps nous sommes au service des puissans. Oh, comme je serais content! comme je dirais encore bien plus haut : courage, ô mon frère, courage encore, et le ciel t'aidera. Ne t'amuse pas à lancer des bulles de savon contre la cage du tigre, c'est le jouet des enfans, mais cesse de porter des lambeaux de chair au tigre, et le tigre périra...

Périsse donc tout ce qui vient de l'enfer ? périsse ce marais fangeux qui infecte le pays de ses émanations meurtrières ! périsse cette source empoisonnée qui ne peut fournir que des ruisseaux qui portent la mort ! A l'œuvre, à l'œuvre, ouvriers ! Le jour est beau, il faut se hâter, car demain, demain peut-être il sera trop tard. Ne soyez plus tyrans les uns des autres, soyez frères ; depuis assez long-temps vous souffrez d'être toujours en guerre, essayez un peu de cette douce paix des enfans de Dieu.

Si l'on vous dit de faire le mal, ah ! je vous en conjure, n'écoutez pas cette voix de démon ; mais croisez vos bras sur votre poitrine, fermez-vous les oreilles et dormez ; pendant ce temps, le bien s'accomplira, le tigre mourra, et de son cadavre surgira le bonheur des peuples, comme cette toute belle fleur qui perce aux beaux jours du printemps les couches de la fange immonde qui la nourrit.

XXII.

Vous qui croyez que tout est bien en ce monde, et qui ne voulez pas sortir du cercle étroit dans lequel le puissant vous a renfermé, je vous en supplie, portez les yeux au-delà de votre prison, et voyez.

D'où viennent ceux qui vous écrasent? et où vont-ils? Et vous, d'où venez-vous et où allez-vous? Hier nous étions tous criant comme des petits enfans qui souffrent et venant de la terre; dans quelques jours nous serons tous décrépits et courbés vers la terre, où nous pourrirons tous.

Nous sommes donc tous égaux; et si nous sommes tous égaux, pourquoi ne sommes-nous pas tous libres?

Mon frère, remontez toujours ainsi à la source du monde et de ses institutions, et là des prodiges vous seront découverts, et la vérité vous sera montrée telle que Dieu l'a faite.

Je ne vous accuse pas, ô mon ami, si vous êtes aveugle et si vous ne pouvez rien voir; mais je vous plains, et prie Dieu de vous éclairer.

Mais toi qui peux voir, regarde devant toi et pense. Ne va pas estimer bon tout ce que tu vois, parce que tu n'as jamais vu autre chose; c'est un vice de ton œil qui s'est perverti en ne voyant jamais que le mal.

L'homme n'a pas été jeté sur la terre pour y tout applaudir, mais pour voir et bénir le bien, et maudire le mal.

FIN.

Imprimerie de Baudouin, rue Mignon, 2.

www.ingramcontent.com/pod-product-compliance
Ingram Content Group UK Ltd.
Pitfield, Milton Keynes, MK11 3LW, UK
UKHW020331180726
13839UKWH00002B/657